AF248245

DE
LA LIBERTÉ
ET
DE SES CONSÉQUENCES
DANS UNE NATION ÉCLAIRÉE.

Par J. M. M. R.

A PARIS,

DE L'IMPRIMERIE DE F. DUPONT.

HÔTEL DES FERMES.

1822.

DE LA LIBERTÉ

ET DE SES CONSÉQUENCES

DANS UNE NATION ÉCLAIRÉE.

L'HOMME est né libre, et partout il est dans les fers, dit Rousseau : de cette vérité incontestable naît cette conséquence, que si la liberté est un droit, l'esclavage est une nécessité. Déterminer jusqu'à quel point la nécessité doit l'emporter sur le droit, c'est l'œuvre de la législation. Conduire le génie d'un peuple vers les perfectibilités morales, arrêter l'ambition du cœur humain pour assurer la stabilité des conventions politiques, c'est la science du législateur.

L'homme veut être heureux, et l'homme met son bonheur dans l'accomplissement de ses désirs et dans l'exécution de ses volontés. Voilà pourquoi la liberté lui est chère. Si ses volontés et ses désirs n'avaient pour but que l'amour de la patrie et l'estime de ses semblables, sans doute l'esclavage ne serait plus une nécessité ; mais alors les hommes seraient des dieux : et c'est aux dieux seuls à qui appartient la liberté absolue.

Dans l'état de nature, la liberté est plus qu'un droit, c'est une faculté, une propriété inhérente de l'homme, dont il ne peut se séparer sans souffrir. L'intérêt de son être est le seul éguillon qui le pousse vers l'indépendance, indépendance légitime, et si peu dangereuse, que n'ayant ni passions ni caprices, et n'étant point sorti de la sphère où sa mère primitive l'a placé, il ne peut nuire à ses semblables. Mais l'avantage qu'il a de se perfectionner change, aux différentes époques de sa civilisation, son caractère et ses penchans; il contracte des passions et des habitudes qui dirigent sa volonté dans un sens contraire à l'intérêt de l'espèce; de sorte que plus il s'éloigne de son état primitif, plus la liberté est incompatible avec son existence politique.

Persuadés des désordres que la civilisation amène dans l'état social, Dracon et Licurgue donnérent pour borne à l'esprit humain la vertu politique et la sévérité de leurs lois; en retardant le progrès des lumières, ils retardèrent aussi de plusieurs siècles la ruine de leur patrie.

Ils eurent pour but de conserver les peuples et non de les agrandir, de les rendre sages et non illustres, de borner leur ambition au bien public, afin de faire de la vertu et de la sobriété la sève de l'esprit national.

Mais cet état dans lequel vivaient les Athéniens et les Spartiates, était extrême, et compromettait les plus douces jouissances de l'homme. Sans doute toute association politique est un état forcé, une nécessité morale qui fait que nous aliénons notre liberté pour notre repos. Mais restreindre les capacités de l'homme dans de si étroites limites, c'est le mettre dans un état continuel de contraction et de souffrance, c'est lui faire payer trop cher l'avantage de vivre et de se conserver.

Ceux qui, dans la législation, précédèrent ces deux grands hommes, suivirent une route différente et bien plus périlleuse; ils basèrent les formules sociales sur les intérêts nouveaux: l'esprit des lois ne fut autre chose que l'esprit des mœurs. On laissa à l'intelligence toute son expansibilité, et au cœur toutes ses faiblesses. De la naquirent les passions et avec elles tous les grands vices et toutes les grandes vertus. Les hommes acquirent de nouvelles connaissances, mais ils se créèrent de nouveaux besoins. Les nations s'illustrèrent, mais le luxe et l'égoïsme les rendirent lâches et efféminées; la liberté ne fut alors qu'un être idéal, un talisman dont la politique se servit pour électriser les peuples, et l'univers civilisé la perdit au moment où il pouvait en apprécier tous les charmes.

La civilisation rend la liberté plus chère et les moyens de l'obtenir plus difficiles. On veut la posséder sans remplir les devoirs qu'elle impose; on veut allier la pureté de ses principes avec les vices et les bassesses du cœur; on ne s'aperçoit pas que cet alliage informe ne peut produire qu'une monstrueuse anarchie.

Si un peuple éclairé est avide de liberté, s'il lutte sans cesse contre le pouvoir qui l'enchaîne, ce n'est point dans des vues d'intérêt général et pour jouir avec sagesse des avantages qu'elle procure; la civilisation a rendu l'homme esclave de trop de passions, et l'a soumis à trop de besoins pour qu'il soit susceptible de demander la liberté pour le bien de la communauté. Chacun la cherche pour l'exploiter à son profit, et presque toujours pour empiéter sur le droit des autres.

Ce n'est pas que je veuille faire ici le procès des peuples en faveur des gouvernans, à dieu ne plaise que je sacrifie à une basse flatterie l'intérêt de la société: je parle de l'homme, et sous cette dénomination générale, je comprends toutes les classes; mais je suis d'autant plus pénétré de cette vérité que dans toutes les républiques, dans celles surtout qui ont fait époque dans le monde, les ambitions particulières on fait plus répandre de sang que tous les actes criminels de la tyrannie.

Cependant il faut convenir qu'il est une époque où la liberté est moins dangereuse chez un peuple, et où la nécessité d'être esclave n'est que la conséquence immédiate de son association; c'est lorsque l'amour de la patrie devient sa passion dominante, que les hommes ne mettent point l'honneur dans les honneurs, la gloire dans les actions d'éclat, le mérite dans la grandeur et le bonheur dans les richesses; mais cette époque passe rapidement et se trouve suivie par une autre singulière et bizarre qui mérite d'être observée; je veux dire celle où les lumières ont passé de quelques êtres privilégiés dans toutes les classes de la société. Alors chacun raisonne sur les droits, les intérêts et la dignité de l'espèce : nul ne remplit les devoirs attachés à sa condition; alors tout est bon dans la théorie, tout est mauvais dans la pratique: l'intérêt public occupe tout les esprits; l'égoïsme entraîne tous les cœurs; on plaide pour la vertu, et le vice reçoit nos hommages; on veut des mœurs, et l'on foule les usages établis; on désire la liberté pour agir en despote et non pour vivre en bon citoyen. Cet état bizarre de l'homme civilise naît des influences de la nature et de l'impérieuse nécessité où elle se trouve de se satisfaire. En vain la religion et les lois nous tracent la route du bien et nous donnent les moyens de concilier nos intérêts en les confondant tous; nos sens et nos esprits commandent, et leurs ordres sont plus que des lois: il faut leur obéir, il faut les satisfaire : tel est le misérable écueil où va se briser toute la sagesse humaine. Or comme la civilisation a modifié à l'infini nos affections, nos goûts et nos habitudes, et qu'en nous faisant passer les bornes de la morale naturelle, elle a criminalisé toutes nos actions, il faut, pour satisfaire à des besoins criminels, une hypocrisie per-

manente dans toutes les opérations de notre vie;
il faut que la vertu nous serve de masque pour
la trahir, les lois de soutien pour les combattre;
il faut enfin que nous marchions en sens inverse
de la raison et du bon sens.

Cependant c'est dans ce siècle de lumière où
l'on connaît le mieux le prix du bien et tous les
avantages de la liberté; et si les résistances opiniâtres de la nature ne l'emportaient pas toujours
sur la justice et le devoir, quelle époque serait
plus favorable à l'humanité. Libres de tout faire
hors ce qui contrarie l'intérêt des masses, l'esprit et
le cœur de l'homme n'auraient de borne que la
morale publique; et ils trouveraient encore de
quoi diversifier leurs plaisirs et leurs jouissances,
tout en restant fidèles au précepte de l'évangile,
qui dit de ne pas faire aux autres ce qu'on ne
voudrait pas qu'on nous fît. Mais non, une fata-
lité cruelle, une force inconnue nous soumet aux
caprices de nos sens et nous rend par cela inca-
capables d'être justes. Et c'est lorsque nous
sommes arrivés à ce point de perversité que nous
opposons le plus de résistance au pouvoir; que
nous voulons le populariser, le soumettre à des
théories et à des systèmes qui facilitent nos passions et tolèrent nos faiblesses. Nos prétentions
sont si extrêmes que nous voulons passer tout
le genre humain à la filière de l'égalité : notre
orgueil est si ridicule que nous dédaignons tout

ce qui a fait le bonheur de nos pères; un esprit novateur circule dans toutes les classes; on veut tout changer, tout détruire, tout anéantir; on veut une réforme générale excepté celle du cœur. Le peuple raisonneur et philosophe ne demande plus un gouvernement tempéré, mais une république; il se croirait avili de donner à tout autre qu'à lui-même le soin de se conduire; il veut être souverain; il veut vivre à sa mode, comme si les lumières l'avaient divinisé. Dans ce moment de crise, si les gouvernans fléchissent, s'ils cèdent aux volontés des hommes, tout est perdu.

Les ambitieux se montrent sur l'horizon politique, ils influencent le peuple en l'enivrant de l'idée de ses droits, flattant ses vices et ses passions, ranimant sa haine pour les grands, son mépris pour les lois et son amour pour l'indépendance. Trop faciles à séduire, les peuples sont comme les enfants, ils se plaisent dans les illusions et dans les chimères, et le goût qu'ils ont pour tout ce qui tient du merveilleux, fait qu'ils sont dupes dans tous les âges; quand ils cessent de l'être par des préjugés, ils le sont par des erreurs.

Egarés par des promesses trompeuses, ils ne s'aperçoivent point que dans l'état de faiblesse où les a mis la civilisation, ils ne peuvent ni améliorer leur sort, ni changer leur position, ils oublient qu'en brisant leurs chaînes, ils s'en préparent de

nouvelles, et que la liberté, qui, comme dit Mira-
beau, doit être assise sur des matelas de cadavres,
est du domaine de la vertu. Et quel est le résultat
de ces résistances opiniâtres ? l'anarchie et ses
horreurs, la justice violée, les droits confondus,
les mœurs méprisées, le sol natal inondé du sang
du juste, la terreur, la crainte, la méfiance,
plânant sur nos têtes pour laisser à la faulx révolutionnaire le temps de faire ses ravages ; mais
cette irritabilité populaire, ce spasme national
n'est point de longue durée : quand les grandes
passions agitent les hommes, leurs forces morales
et physiques s'épuisent, et il ne reste plus dans
leurs âmes qu'un vide immense, une apathie générale, qui fait un néant du foyer même de la vie :
c'est alors que, fatigués des horreurs et des dis-
sentions civiles, ils reconnaisent leurs fautes, et
regardent d'un œil épouvanté le précipice dans lequel leur orgueil les a plongés ; ils voient que le
fruit de leurs peines a été seulement de déplacer
les fortunes, et quelquefois le pouvoir : aussi, après
ces luttes épouvantables, qui font toujours les
malheurs des nations, sans les rendre meilleures,
les hommes n'ont plus cette énergie et ce courage
républicain que donnaient de fausses illusions et
de vaines espérances, ils demandent un maître,
et sans transiger avec lui ils reçoivent le gouvernement qui lui plaît de leur donner. Le despotisme, la tyrannie n'ont rien de dur pour eux,

tant le fantôme de l'anarchie les a terrorisés. Ainsi Rome plia sous les caprices de Sylla et d'Auguste, et la France sous tous ceux de Napoléon.

Si le premier besoin de l'homme est de se conserver, c'est dans l'union de la morale et des lois qu'il doit trouver un des plus sûrs garans de sa conservation. Les lois ne doivent jamais composer avec les faiblesses de la nature; elles sont la sauvegarde de la société, elles doivent en prévenir les excès ; elles sont l'expression et la volonté de l'homme moral, qui ne se trompe jamais sur les intérêts de son être ; elles ne doivent rien céder à l'homme corrompu ; elles sont les garanties des libertés publiques; elles ne doivent point laisser empiéter la civilisation sur des droits aussi sacrés. Du moment qu'une complaisance coupable allie la moralité des lois avec l'immoralité du siécle, un peuple marche vers sa décadence : alors, plus on cède à ses désirs, plus il désire; plus on adoucit l'austérité de ses devoirs, plus il la trouve dure ; moins on l'assujettit à la vertu, moins il veut la suivre, il faut, pour légitimer ses vices, modifier, à tout instant, ses lois, à tout insant, en faire de nouvelles, et comme dit très-bien Montesquieu, plus la législation d'un état s'accroît, plus il dépérit. En effet, cette multiplicité de formules obligatoires, où vont se noyer les garanties des gouvernés et les devoirs de ceux qui gouvernent, inspire plus de crainte que de respect : on oublie bientôt la loi , lorsqu'on peut se soustraire à sa vengeance , et c'est moins l'amour du bien , que la honte de l'infamie qui nous fait supporter son joug. D'ailleurs , le nombre des lois indique celui de nos vices , puisque n'étant faites que pour corriger les désordres de la société, chacune d'elles n'est que le correctif d'un vice anti-social. L'opinion publique , ce juge incorruptible de nos actions, ce puissant défenseur de la morale et de la vertu , est le dernier soutien de la société; c'est elle qui , quand nous avons secoué tous les préjugés , nous rend encore dociles et réservés; mais pour soustraire à son jugement solennel cette foule de passions et de caprices qui nous assiégent; ces intérêts immoraux qui se croisent sans cesse avec l'intérêt de la masse ; ces opinions ennemies de tout principe , nous savons emprunter un vernis politique pour les colorer.

L'intérté public nous sert de masque, et ce mobile des cœurs généreux devient une pièce de rapport pour les uns , un prétexte à quelques vaines déclamations pour les autres ; c'est l'auxiliaire de toutes les prétentions ambitieuses , l'asile sacré des dieux, où le crime va chercher un refuge.

C'est donc du relâchement de la législation que naît le ver rongeur qui consume les peuples , et ce sont les vices de la civilisation qui les rendent incapables d'être libres, et les soumettent à l'arbitraire des gouvernans. Les philosophes dont le but est de faire le bonheur des hommes, se sont trompés, lorsqu'ils ont cru qu'en les éclairant ils les rendraient heureux. Les préjugés (j'entends ceux que la loi favorise) sont pour le peuple le miroir de l'espérance, ce sont eux qui lui retracent l'avenir sous les plus riantes couleurs, et nourrissent son esprit des plus douces chimères. Sans eux la philosophie serait la reine du monde, mais l'homme est né avec des besoins qui font naître ses désirs, et les désirs sans l'espérance ne sont que des anomalies morales, qui font de notre espèce ce que la fable a fait des Danaïdes et des Ixion. Il faut, pour que l'homme soit heureux, qu'il se persuade que ses désirs peuvent s'accomplir; du moment que cet espoir lui manque le bonheur a cessé de lui sourire : donner à un malheureux toute l'aridité de la raison pour le consoler, croire qu'avec des lumières il supportera avec une fermeté stoïque les calamités et les vicissitudes de la vie, c'est lui prêter une vertu qu'il n'a pas, c'est lui supposer une force qui a souvent manqué aux plus grands génies de l'univers.

Je soutiens donc qu'il est une certaine ignorance dont il ne faut jamais dépouiller le peuple, puisqu'il y trouve des jouissances que la raison ne saurait lui donner, d'autant plus que cette ignorance l'attache à ses devoirs, ne multiplie ni ses faiblesses, ni ses passions, ni ses besoins, le rend sobre et docile, et par conséquent ami de la vertu et capable de jouir de la liberté. C'est à l'époque où les plus grossiers préjugés couvraient Rome et la Grèce, que l'amour du bien public, la patrie et les lois eurent le plus de zélateurs. Quoi de plus libre que ces deux nations, lorsqu'elles vivaient sous l'empire de la théocratie ! quoi de plus esclave qu'elles, lorsque les lumières portèrent dans leur sein. l'ambition, le luxe, l'égoïsme et tous les agens corrupteurs de la société. La philosophie dans sa marche rapide a poussé trop loin les choses Sans doute, il fallait faire connaître la moral et forcer les dépositaires du pouvoir et les ministres de la religion à ne point abuser de leur caractère pour asservir le peuple ; mais il fallait montrer l'injustice et l'erreur, comme fit Aristide, et non comme faisait Socrate. Quel service rend-on à la société lorsque, pour combattre des ambitieux, on détruit les bases de son existence. Pour quelques hypocrites démasqués, quelques tyrans dépouillés, que de sang répandu, que de malheurs on prépare à ses concitoyens ! L'ambition, ici, plutôt que la sagesse, préside à toutes les opérations de la philosophie ; car si elle croit que le bonheur des peuples naît de la pureté de leur raison, elle doit être convaincue que c'est insensiblement et avec tout le ménagement possible qu'on les arrache à leur ignorance.

Je crois avoir prouvé que la civilisation avait fait croître nos besoins, et que ceux-ci avaient donné naissance à l'égoïsme, qui seul fait perdre l'amour du bien public, sans lequel toute liberté est impossible. L'esclavage est donc une nécessité, qui devient plus forte en raison du progrès des lumières ; mais de quel esclavage entends-je parler ? Est-ce celui des lois, ou celui que nous imposent les caprices de quelques hommes ? Ne subtilisons point, quand l'intérêt particulier maîtrise tous les cœurs. L'esclavage des lois n'est autre chose que celui que nous donne un maître ou quelques individus. Je ne défendrai point cette vérité, tous les états de l'Europe sont là pour en démontrer la preuve. Laissons donc à ceux qui pensent que le peuple fait des lois, cette louable erreur ; contentons-nous de ne pas croire l'impossible, et disons que c'est sous le joug des gouvernans que les hommes civilisés sont toujours. Ceci paraîtra un peu dur à un peuple philosophe; mais c'est une vérité que nous-même nous avons trop souvent reconnue. Depuis trente ans l'esprit révolutionnaire a fait et défait des gouvernemens. Quel est celui qui n'a pas provoqué des lois dans ses propres intérêts ? qui a appelé le peuple à la formation de son pacte social? L'hypocrisie républicaine imagina un jour cette heureuse fiction, et nous savons tous de quelle utilité elle fut pour la patrie. Devons-nous blâmer les gouvernans de suivre cette marche ? non, et je soutiens qu'ils ne peuvent faire autrement , sans s'exposer à une chute inévitable. Comment ne pas prendre le plus de garantie possible sur un peuple , qui ne trouve bon que ce qui favorise ses prétentions et ses goûts? comment ne pas s'escorter de la force publique , lorsque la force particulière veut tout envahir ? comment ne pas faire des lois fortes , lorsque les passions veulent tout maîtriser ? comment ne pas concentrer le pouvoir au moment où les lumières veulent l'anéantir ? Un roi de Lacédémone, un monarque de France cédèrent à la civilisation , elle les fit monter à l'échafaud. Le premier devoir d'un souverain c'est de se conserver pour conserver les autres , et dans ce devoir il trouve le double avantage de servir ses intérêts et celui de son peuple.

Donner des leçons à ceux qui gouvernent n'est point mon affaire; je cherche à développer les vices de la civilisation, pour montrer qu'ils nous ont ravi la liberté; je montre que l'esclavage qui n'est chez un peuple vertueux , qu'une nécessité conditionnelle, devient, chez un peuple éclairé, une nécessité impérieuse , sans laquelle le corps social se détruit, et le peuple tombe dans l'anarchie. Je combats ce système d'indépendance et d'égalité , qui nous a fait faire tant de folies , et répandre tant de sang, et j'admets qu'un souverain ne peut avoir d'autre intérêt que celui de ceux qu'il gouverne , d'autre ambition que de faire leur bonheur ; qu'il doit mettre plus que personne ses affections à assurer la prospérité publique, de laquelle il tire sa gloire et sa grandeur ; que la bonne foi doit présider à son gouvernement, puisque son cœur ne peut être mu ni par aucun intérêt caché, ni par aucune prétention particulière ; que son but est simple et unique, l'ordre, la paix et la prospérité de son peuple. Un roi qui possède tout peut tout, et je ne vois pas que lorsqu'on en est logé à ce degré de puissance, on puisse vouloir le mal ; c'est absurde de le supposer. En vain on me rappellera l'exemple des tyrans qui ont désolé la terre, je sais que la nature a fait des fous chez les rois comme chez les autres hommes ; mais la force des événemens en a fait jutice. Peu de tyrans dans Rome ont échappé à la vengeance divine. Trajan, Antonin, Marc-Aurèle, sont morts tranquillement dans leur lit.

Si maintenant on compare l'ambition d'un sujet à celle d'un monarque, on verra qu'elle y est opposée : l'une cherche à usurper pour dominer et à détruire pour s'agrandir ; l'autre est invariable, maintient l'équilibre du droit public, et refoule vers sa source empoisonnée tous les projets illégitimes. Le sujet ne voit que sa propre fortune, le roi ne voit que la fortune publique ; l'un enfin a besoin du désordre pour vivre, et l'autre de l'ordre pour régner.

De là je conclus que le roi d'une nation éclairée doit être nécessairement l'ennemi des intérêts

matériels de son peuple ; que les résistances
continuelles qu'il oppose à l'ambition , doivent
lui faire , à son tour , beaucoup d'ennemis ; que
cet état hostile , dans lequel la civilisation le met
avec ses sujets, rend la concentration du pouvoir
nécessaire , et que la force , qui souvent n'est
qu'un instrument de la tyrannie, devient un agent
moral de la société , un droit du monarque
envers ceux qu'il gouverne. Et dans cet état de
choses, avec des forces suffisantes et des volontés
pures , un roi ne doit pas espérer de s'affranchir
de la médisance et de la calomnie ; il doit s'attendre , au contraire, à voir ses actions les plus
loyales blamées , travesties , mutilées par les
passions qu'elles froissent. Quelque justes que
soient ses lois , il entendra dire que ce sont des
actes tyranniques , des complaisantes concessions
pour une classe privilégiée. Fera-t-il une loi favorable à la religion, on dira que c'est pour les
prêtres qu'elle est faite; en fera-t-il une pour donner
quelques soutiens particuliers au trône, c'est l'a-
ristocratie qu'il voudra relever; arrêtera-t-il la
licence, c'est la liberté qu'il aura voulu nous ra-
vir ; il entendra crier partout à l'injustice, à l'arbitraire, mais cela ne doit point l'émouvoir. Ce
n'est pas l'opinion publique qui crie, ce sont les
passions, les intérêts immoraux, et c'est la chose à

(*) J'entends par intérêts matériels tout intérêt contraire
à l'intérêt général.

laquelle il doit le plus s'attendre. On criait, on murmurait aussi sous Sully comme sous Mazarin: c'est qu'alors comme àprésent on faisait des lois qui choquaient quelques prétentions.

Je n'ai voulu développer qu'une conséquence du perfectionnement de l'esprit humain; je me résume: la liberté sera toujours chère aux hommes; plus ils seront éclairés, plus ils voudront en jouir; mais leurs efforts seront impuissans et ne produiront jamais que l'anarchie et des malheurs. Le despotisme est la condition habituelle des nations éclairées comme des nations barbares, à la différence que les unes se plaisent dans cet état et n'y opposent aucune résistance; et que les autres le détestent et font leurs efforts pour s'en affranchir; et cela par une raison toute naturelle, c'est que les unes ayant peu de connaissances ont peu de volonté, et ne peuvent regarder le despotisme comme un état oppressif puisqu'elles ont assez de liberté pour satisfaire à leurs besoins; et que les autres, au contraire, mues par les vices de la civilisation, par mille passions qui les tyrannisent, mille besoins qui les pressent, considèrent cet état comme le pire de tous, puisque c'est celui qui soumet toutes les volontés au caprice d'un seul. Ces vérités trouveront sans doute beaucoup de contradicteurs, mais elles auront l'expérience des siècles et l'histoire des peuples pour elles.

FIN.